岡　山　文　庫

305

# 浅口市《あさくちし》の名所《めいしょ》

## ― 金光町《こんこうちょう》　鴨方町《かもがたちょう》　寄島町《よりしまちょう》 ―

金光英子《こんこうひでこ》　小椋美紀《こもくみき》　朝森要《あさもりかなめ》

JN153869

日本文教出版株式会社

# 岡山文庫・刊行のことば

岡山県は古く大和や北九州とともに、吉備の国として二千年の歴史をもち、遠くはるかな歴史の曙から、私たちの祖先の奮励とそして私たちの努力とによって、現在の強力な産業県へと飛躍的な発展を遂げております。

小社は創立十五周年にあたる昭和三十八年、このような歴史と発展をもつ古くして新しい岡山県のすべてを、〝岡山文庫〟（会員頒布）として逐次刊行する企画を樹て、翌三十九年から刊行を開始いたしました。

以来、県内各方面の学究、実践活動家の協力を得て、岡山県の自然と文化のあらゆる分野の、様々な主題と取り組んで刊行を進めております。

郷土生活の裡に営々と築かれた文化は、近年、急速な近代化の波をうけて変貌を余儀なくされていますが、このような時代であればこそ、私たちは郷土認識の確かな視座が必要なのだと思います。

岡山文庫は、各巻ではテーマ別、全巻を通すと、壮大な岡山県のすべてにわたる百科事典の構想をもち、その約50％を写真と図版にあてるよう留意し、岡山県の全体像を立体的にとらえる、ユニークな郷土事典をめざしています。

岡山県人のみならず、地方文化に興味をお寄せの方々の良き伴侶とならんことを請い願う次第です。

## 浅口市とは

浅口市は、平成十八年（二〇〇六）三月に金光町、鴨方町、寄島町の合併により誕生した市である。岡山県の南西部にあって東は倉敷市、西は笠岡市・里庄町、北は矢掛町、南は瀬戸内海に隣接する自然豊かな環境に恵まれて、古くから産業・文化が栄えてきた。

### 金光町

町名は大谷に本部のある金光教の名称にちなむ。長い間浅海であった里見平野は、里見川の沖積作用や江戸時代の干拓による新田開発でしだいに陸化していった。町内に海や製塩に関係する地名が存在するのはこのためである。遺跡と

金光町植木祭

しては縄文後期の小三宅遺跡がある。律令制下の当町域は備中国浅口郡に属し、『倭名鈔《わみょうしょう》』にみえる占見《うらみ》郷・大島郷に比定される。中世には新熊野神社の荘園であった佐方荘があった。鴨山城に拠った細川氏の支配下にあった当町は、江戸時代には、岡山藩、岡山藩の支藩の鴨方藩、浅尾藩などに属していた。幕末には金光大神を教祖とする金光教が成立し、以後金光教本部が所在する町として発展してきた。明治中期に始められた庭木栽培によって、金光町は植木の産地として全国的に知られ、春秋には植木祭りが開かれている。昭和四十六年（一九七一）には、第一回全国植木まつりが開催された。

## 鴨方町

町名は近世以来の村名による。弥生時代の和田遺跡、古墳時代の四条原古墳群、また条里制地割遺構が残存し、開発の早さと生産力の高さがうかがえる。中世には三聖寺領ともなった小坂荘があった。室町幕府管領細川氏の一族によって鴨山城が築城されている。江戸時代に岡山藩主池田光政の所領となったが光政の致仕により岡山藩の支藩として鴨方藩が成立し、鴨方藩が置かれた。儒者西山拙斎は一生涯鴨方の地にあって教育に尽くしたばかりではなく、寛政異学の禁の幕府諭達にあたっては、拙斎の建議もその一因となっている。画家田中索我は拙斎を描いた作品を残している。明治時代に山陽本線が開通したことは、当町の発展を促すこととなった。その後、当地は晴天の日が多く、気流も安定していて天体観測に適していたため、竹林寺山に天文台が、隣接して岡山天文博物館があって天文台の町ともなっている。

天草公園
ビックハット

# 寄島町

三ツ山

町名は神功皇后が立ち寄ったという伝説にちなみ、中世以来の島名による。旧石器時代の遺物としてサヌカイトが、また縄文時代の石器・土器が出土している。古墳時代の福井古墳などがある。中世には大島保（荘）に属し、六条院領の一つであった。のち鴨山城主となった細川道董《みちただ》が伊予国から来て、青佐山に七年間、ついで竜王山（金光町）に九年間在城したという。江戸時代には鴨方藩領に属していた。山塊が海岸線に迫り、土地が狭隘なため、天保十年（一八三九）ごろを中心として干拓による土地の拡大がはかられ、塩田による生産量も急増した。多島美の内海を前にした寄島は、江戸中期から新興の漁村として成立した。明治元年（一八六八）鴨方藩の外港として築造された寄島港は、かつて商港として繁栄したが、現在は県下有数の漁港となっている。港内ではカキ・モガイの養殖も行われている。豊かな海の恵みを多くの人々に楽しんでもらうためのイベント「よりしま海と魚の祭典」が行われている。地場産業であった麦稈真田《ばっかんさなだ》生産やバンコック帽体生産は、著しい盛衰を示した産業であった。

# 浅口市の名所／目次

## 二　鴨方町域……77

表紙／滑石の石文
扉／鴨山磨崖仏

# 金光町域

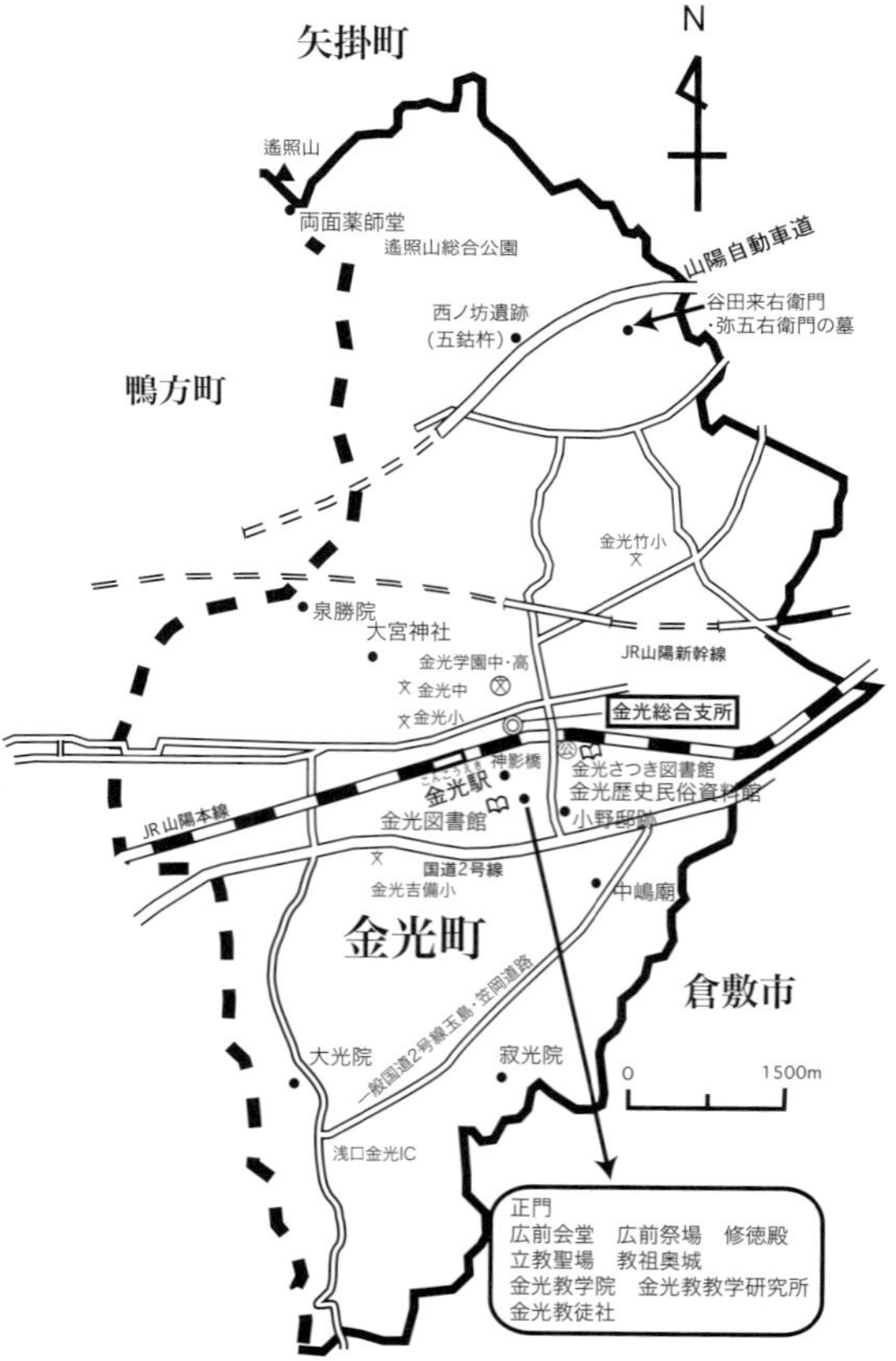


金光町の主な名所マップ

## 金光駅《こんこうえき》

山陽鉄道が笠岡駅まで開通したのは、明治二十四年（一八九一）のことであった。開通直後から、金光教の参拝者のために、春秋の大祭に大谷仮停車場（金神《こうじん》仮駅）を現在の金光駅付近に設けた。

ここが駅となったのは、鉄道開通後十年目の明治三十四年（一九〇一）のことであった。大正八年（一九一九）金神仮駅は金光駅と改称。山陽本線のなかでも特異な駅でホームは四番線まであった。英、独などから輸入されたレールをプラットホームの柱に使用された。駅の乗降客は、金光様への参拝者、金光中学校への通学者、岡山県麦稈真田《ばっかんさなだ》同業組合事務所や郵便局と銀行も二行あったので、そのお客などで、ほとんどが里見川を渡らねばならなかった。

JR 金光駅

## 神影橋《みかげばし》

明治二十六年（一八九三）里見川に架けられた橋を神影橋といい、以後四度架け替えられている。神影橋は、金光教の参拝者が、山陽鉄道の金神駅（現在の金光駅）から門前町を通って境内にいたる橋である。この橋を通ってお参りをした者は、みんな御蔭をいただけるので、神影橋と名付けたという。

一世の神影橋が架けられてから十四年後、金光教祖二十五年祭が執行される明治四十年(一九〇七)に架け替えられた。『大教新報』明治四十年三月一日号に、神影橋第二世の

里見川

開通式を二月十七日に報じる記事が掲載されている。　神影橋第三世は、大正十年（一九二一）二月十八日に竣工して十九日に百余名の来賓が渡り初めをし、参観者数千名と『金光教徒新聞』に掲載されている。この神影橋は大正期の洋風建築に彩られていた。四基のシャンデリアが橋のたもとを飾り、アーチ型の鉄骨は見事な半円を長くしたおしゃれなものだった。第四世神影橋が完成したのは、昭和五十三年（一九七八）十二月のことで、これが現在の神影橋である。

神影橋

## 金光教《こんこうきょう》

金光教とは、安政六年（一八五九）備中国浅口郡大谷村（現浅口市金光町大谷）で赤沢文治《あかざわぶんじ》（金光教教祖金光大神《こんこうきょうきょうそこんこうだいじん》）が開いた創唱宗教である。同じ江戸時代末期に開かれた黒住教、天理教と共に幕末三大新宗教の一つであると言われる。

金光大神は、文化十一年（一八一四）、現在の浅口市金光町占見《うらみ》香取《かんどり》の貧しい農家に生まれ、信心ごころの厚い父と、慈愛心に富む母によって育てられた。文政八年（一八二五）十二歳の時に隣村大谷村の農家川手粂治郎《かわてくめじろう》・いわの養子になった。

本部広前会堂

十三～十四歳の時、庄屋の小野光右衛門から、読み書きそろばん等の教えを受けたが、学問のみならず人柄から受けた精神的感化も深かった。

以後、農民として勤勉に農業に励み、安政元年（一八五四）には村九位の石高を有するまでになった。上位八位までは、寺院庄屋等であり農業をしている家では一位の石高をもつまでになった。一方、父や弟や子女を相次いで亡くす不幸が続き、作ったお墓は七つ、「金神七殺」を思わせる不幸の連続であった。

翌年、四十二歳の厄年を迎え、各地の宮寺に厄晴れの祈念をこめたが、そのかいもなく重いのどの病気にかかり医師から九死一生の宣告を受けた。この時行われた、親類縁者の病気全快勢祈念の最中に、先導者に神がかりがあり、そのやり取りの中で「その方の信心の徳により助けてやる」との神の言葉が下り、全快した。これが、おかげの受けはじめであった。

以後神の教えどおりにする生活を貫いた。何事も神の教えに従う生活の上に、いろいろと不思議なおかげが現れた。そのおかげを求めて方々から人々が参って来はじめた。人が来るたびに、農作業から帰り、我が家の神前でおかげの生活を話して聞かせ、それらの人々の生活が立ちゆくように祈念した。

安政六年（一八五九）に天地金乃神《てんちかねのかみ》からのお頼みのままに家業をやめ、人々の願いを神に、神の願いを人々に取り次ぐことに専念するようになった。そこから、金光教は生まれ、多くの人が助かるようになっていった。

金光大神《こんこうだいじん》は、その祭り日を旧暦九月十日と定め「金光大神祭」と称した。生前からこの祭り日を大切にし、その日に亡くなるとの予告どおり明治十六年（一八八三）年旧暦九月十日（新暦十月十日）その祭りの当日、齢七十歳をもって亡くなった。

金光大神は、「人が助かりさえすればよい」「話を聞いて助かる道である」と一人一人の参拝者に話をして助けていった。人々を助けた話や言葉は、『金光教教典《こんこうきょうきょうてん》』のご理《り》解《かい》として掲載されている。

金光教学院

金光教の精神をもって明治二十七年（一八九四）に設立された学校が神道金光教会学問所であり、後の金光教学院（教師養成機関）であり、金光学園である。金光学園には、現在は子ども園・中学校・高等学校があるが、合い言葉は「人をたいせつに　自分をたいせつに　物をたいせつに」である。
教祖没後、その取次は、代を重ねること五代、現金光平輝《へいき》教主に受け継がれ、金光教本部広前において、教祖金光大神さながらに、一日も欠かさず毎日、取次の働きが行われている。また、その働きは、国内を中心に、現在は国外まで及んでいる。一六〇〇余の教会広前で日夜その働きが、取り進められている。

金光鑑太郎《かがみたろう》（前教主）は和歌を詠んでいたが、その数は四万四千首にのぼる。この道の精神が端的に表されているので紹介する。

世話になるすべてに礼をいふこころ世にあかるさをもたらすこころ

賜びしいのちあるありて今日もめざめたりめざめしことはありがたきかな

ここまでは出来たと喜ぶべきことをこれしか出来ぬといひてなげくか

ちちははも子供とともに生まれたり育たねばならぬ子もちちははも

何事によらずなすべきこと実意をこめてなさねばとまたしても思ふ

## 門前町

大谷村は、人口約五〇〇〇人規模の平凡な農村に過ぎなかった。金光大神が、自宅に神様を祀ってから、信仰が全国に広がり、そこに救いを求めるために、参拝する人が現れるようになった。人口五〇〇〇人程度の村に、年間五万人にのぼる参拝者が押しかけてくるのである。お茶や食事の欲しい人もいれば、宿泊したい人も出て来れば、お土産の欲しい人もあったであろう。

最初、金光大神の親戚縁者が、参拝者の世話をしていたが、旅館や土産物屋・紙やぞうりなど日用雑貨をあつかう店が出来、門前町の様相を呈していった。明

大通りの商店

正門通りの商店

角を曲がればお神酒の神露酒造

石柱を越えれば里見川に架かる神影橋へ

治二十四年（一八九一）に山陽鉄道が笠岡まで開通し、さらに明治三十四年には下関から八時間、東京から一昼夜で金神駅に到着することとなり、参拝者も飛躍的にのびていった。

明治二〜三十年代には、田園地帯であった所が、町の様相をなし、新たに拡張された参拝道《さんぱいどう》や正門《せいもん》通りには、またたく間に新しい町ができあがった。人々はその町並みを「新町」と呼び、里見川の土手下から「神域」の入り口を示す石柱（現存）が、明治二十八年（一八九五）に建てられた。

明治三十年代から、境内地の拡張が始められ、田圃の中に大通りと呼ばれる大きな新しい道が作られた。大正十年に落成した金光教の大教会所の建築が進むと、大通りを中心にさらに門前町が広がっていった。山陽鉄道が下関まで延びると、駅前にも商店が出来、神影橋《みかげばし》をはさんで、駅前商店街も形成されていった。

大谷の町は、金光教の門前町として、金光駅から金光教の境内まで、明治・大正・昭和期に形成されたのである。木造三階建て、中には四階建ての商店や旅館が並び、中に洋館建てのハイカラな銀行や郵便局、歯科医院の建物が融合する町で、昭和三十年〜四十年代をピークに栄えた町である。

大谷町並み

大谷　旧定金歯科医院

大谷　三階建て

大谷　食料品店

大谷　旧芸備銀行（現 金光教中国教務センター）

大谷　レトロな建物と塗装の呉服店

大谷　冬の日差し

大谷　正門通りアーケード

大谷　八角堂と大通り

大谷　神具

大谷　正月のアーケード

大谷　みかげ饅頭

大谷　紙製品

浅口市のゆるキャラ、金光メイカ

大谷　みかげ饅頭

大谷　八つ棟の神殿（苦楽菴《くらくあん》−近藤藤守師記念館−）

大谷　アーケード

大谷　三階建て

大谷　和と洋の建物

大谷　石　柱

特筆すべきは、橋、道、水道、電灯などが近隣の市町村より早く引かれたことで、それらは、市民の真心により、多くの物が献納されてできていったのである。

また、明治三十七年（一九〇四）に私立金光中学の設計・建築にたずさわった江川三郎八《えがわさぶろうはち》の手による建築物が、木造三階建ての和風の店舗兼民宿の間にちりばめられている。その中の金光学園記念講堂や旧定金歯科医院は国有形登録文化財である。

金光学園記念講堂（写真・金光学園所蔵）

## 金光教本部正門

大正十年（一九二一）落成祝祭が執行された大教会所の正門として、大正十三年（一九二四）に完成した。翌年大教会所炎上の際、門は消失せずに残った。

間口六間（約一一メートル）で、直径四五センチの丸柱の八本建て、屋根は切り妻千鳥破風、正面は両側とも大唐破風造り銅板ぶきで、用材は、欅材が使用されている。

大教会所の建築には、彫刻家金子《かねこ》九平次《くへいじ》の父で、御田教会の教会長になった金子吉蔵《かねこきちぞう》が加わり様々な彫刻を受け持ったが、残された彫刻は、この正門だけである。

金光教本部正門

正門とアーケード

正月の正門とアーケードのにぎわい

大火に耐えた正門

## 金光教本部広前会堂

どなたでも、いつでも、二十四時間参拝できる金光教の本部広前である。

教祖没後、九十年の御年柄にあたる昭和四十八年（一九七三）に竣工した。参拝席は二二八畳敷きで、一五〇〇人が座れる。

広前中央には、天地金乃神《てんちかねのかみ》、生神金光大神《いきがみこんこうだいじん》が祀られ、左側の霊舎には、教統者、教師をはじめ、信奉者の霊神が祀られている。

向かって右側には、御結界《おけっかい》があり、だれでも教主の御取次がいただける。教主は毎日休みなく午前三時四十分から午後四時四十分まで奉仕されている。

会堂では、毎月十日、二十二日の午前十時から月例祭《げつれいさい》が執り行われ、この他に元日祭《がんじつさい》（一月一日）、春秋の霊祭《れいさい》（春分の日、秋分の日）、立教記念祭《りっきょうきねんさい》（十一月一五日）、越年祭《えつねんさい》（十二月三十一日）が執行されている。

また、会堂地階には、参拝者のための休憩所がある。

正月の本部広前会堂

本部広前会堂

## 本部広前祭場《さいじょう》

昭和三十四年（一九五九）八月五日に竣工奉告祭及び立教百年全教大会が、祭場で開催された。九月〜十一月にかけて八回にわたって教祖大祭並びに立教百年祭が執行なされた。以後春秋の大祭はじめ種々の催物が行われている。

建物は、鉄筋コンクリート造りで、屋根は銅板ぶき、地下一階、地上二階建てである。延べ床面積一二〇〇〇平方メートル、建物の高さは二八・六メートル、建築当初は収容人員一万五〇〇〇人（耐震補強工事後は九千人）で、場内に柱が一本もない建物としては東洋一の大きさと言われた。間口約五〇メートル、奥行き一〇〇メートルの大きな建物で、天地神明造りである。

昭和五十八年（一九八三）教祖没後百年祭の年に名称が斎場から祭場に変更された。

正月の本部広前祭場

正月の会堂（左）祭場（右）

## 修徳殿《しゅうとくでん》

この建物では、金光教の信奉者が、自ら願いを立てて信心を磨きあう「入殿《にゅうでん》」が行われている。「入殿」とは、本部広前の修行生として、一日〜三日間をこの施設で過ごし、教導する教師とともに日常生活の一切を修行として取り組む。お祈りやお話、班別懇談、お掃除や食事などに神に心を向けて取り組む。

また、子どもの成長を神に感謝し、学業成就を願う勧学祭が行われ、浅口市の各学校の児童生徒たちは、入学の時にお祭りに参拝する。お正月に吉備舞が舞われたり、大祭時などには、参拝者のために諸行事が行われる。

修徳殿講堂

この建物のある場所には、かつて大教会所があった。大教会所は、大正十四年（一九二五）に火災で焼失した。翌大正十五年・昭和元年（一九二六）に現在の修徳殿講堂の中の間が、仮神殿《かりしんでん》として建てられた。

その後、昭和十八年（一九四三）には、中央教場の向きを一八〇度かえて、脇殿が東西に増設され現在の建物の様になった。

以来、現在の会堂が竣工する昭和四十八年（一九七三）まで、金光教の本部広前として使用され、三代目、四代目の教統者がここでお結界《けっかい》取次を行った。

修徳殿講堂正面

講堂北側にある井戸は、教祖時代赤沢家、古川家の共同井戸で、後、藤井家でも利用した。明治二十年（一八八七）前後に掘り下げられた。この井戸は大井戸と呼ばれ、この水を多くの人が、ご神水と呼ぶ。

大井戸

## 立教聖場《りっきょうせいじょう》

これは、金光大神が嘉永三年（一八五〇）三十七歳の時に建てた家の母屋の復元模型である。当時は、どこにでもあった普通の農家であった。以後、この家で暮らし農業に励み、村一番の石高をあげるまでになった。

その後、安政六年（一八五九）金光大神四十六歳の時に、神の頼みを受けて農業をやめ、この建物が、取次のお広前となった。さらに、神のことばに従って、入り口の雨戸を文久三年（一八六三）に取り除き、慶応三年

立教聖場

立教聖場と大樹

（一八六七）入り口の門の敷居をつぶして開け放って、夜昼なく誰でも参拝できるようにしていった。

以来、金光大神は、七十歳で亡くなるまでの二十四年間参拝者の悩みや苦しみを神に取次ぎ、人々を救い助け続けたのである。

元の建物は、明治二十四年（一八九一）に旧広前に立て替えられたが、昭和八年（一九三三）に現在のように復元された。

母屋の井戸

## 教祖奥城《きょうそおくつき》

立教聖場の階段を上ると、塀に囲まれた奥城がある。このあたりは、辻の畑と呼ばれ、教祖の畑があった。奥城の中央にある八角柱の墓石が教祖奥城である。墓石の前面には、「教祖金光大神人力威乃命之奥城《じんりきおどしのみことのおくつき》」背面に、「明治十六年九月十日帰霊」と刻まれ、側面には、慎誡一二箇条が刻まれている。

教祖奥城の向かって左側が、妻の一子大神《いっしだいじん》、その左が第一世管長の金光山神《さんじん》、教祖奥城の右側が、二代取次者の金光四神《しじん》の墓石である。

教祖奥城

教祖は明治十六年（一八八三）十月十日（旧暦九月十日）の早朝七十歳で没した。十月十日は金光大神祭日であり、生前からこの日に亡くなることを告げていた。

## 金光教学院

金光教の教師養成機関として設置されている。もとは、明治二十七年（一八九四）に神道金光教会学問所《しんとうこんこうきょうかいがくもんしょ》として開設された。

設立当初は、六畳二間を教室として、共同自炊をしながら、教師の育成にあたったといわれる。しかし、貧弱な設備のものでも、人が育つといわれ、幾多の有能な人材を輩出した。

以来、金光教教義講究所、金光教学院とその名称と形態を変遷させつつ、一万人を越える教師を世に送り出している。

本部広前の修行生である学院生は、日々、

金光教学院

教主の御取次を受け、日常生活起居一切を修行として金光教教師として必要な基礎教育を受けている。現在の学院生は、一年間全寮制で、早朝の御祈念に始まり、お掃除、講義・実習など決められた日課をこなすと共に自ら課した修行の日々を過ごしている。

現在の金光教学院広前の建物は、明治四十四年（一九一一）に境内地に建築された。それが、昭和六年（一九三一）に現在の地に移築され、合併して、教室棟、寮も建築された。平成十八年（二〇〇六）に寮と食堂棟が立て替えられた。

金光教学院生たち
(『ようこそ金光教本部へ』から)

## 金光教教学研究所

通称「聖ヶ丘《ひじりがおか》」と呼ばれる小高い丘陵にある。昭和五年（一九三〇）に金光教の客殿として建てられた。二階建ての洋館と重厚な和風建築の建物から成立っている。車寄せの上部がテラスとなっていて、街全体を見渡すことができる。また、和風建築の内部には、円窓や斜めの階段、一番高い畳の間、高さの違う中庭など凝った設計となっている。

北側に金光教学院（金光教教師養成機関）、南側には「聖ヶ丘キャンプ場」がある。昭和二十九年（一九五四）金光教の

金光教教学研究所

教学研究機関として開設された。金光教信仰の教義的研究を目指して、教祖・教義・教団史の各分野で学術的な研究に取り組み、その成果は『紀要金光教学』で毎年発表されている。それは、宗教学会や歴史学会で高く評価されている。

## 金光図書館

金光図書館は、昭和十八年（一九四三）九月八日に創立された。初代館長は、金光鑑太郎。

戦争のまっただ中に「この戦争は勝っても負けても、日本の国は荒野《あれの》の原になるだろう。その時に必要なのは図書館」と金光図書館を創立した。戦後は農村読書会、映画会、展覧会などの文化活動を活発に行い、地域文化に貢献した。さらに児童奉仕、点訳奉仕など、困っている人に、お役に立つ図書館として活動を続けてきた。

初代館長の志は、七十年以上たっても変わらず、金光図書館は、お役に立つ図館として活動し続けている。

蔵書は、一般図書、児童書、点字図書、音訳図書、映像など二十五万冊を越える。貴重資料では、百万塔陀羅尼経《ひゃくまんとうだらにきょう》、広開土王碑拓本《こうかいどおうひたくほん》、具注暦《ぐちゅうれき》、豊臣秀吉朱印状などが所蔵され、神徳書院《しんとくしょいん》資料、青木茂旧蔵書《あおきしげるきゅうぞうしょ》などのユニークな資料群を蔵している。

金光図書館

金光図書館内（『ようこそ金光教本部へ』から）

## 金光教徒社《きょうとしゃ》

この建物は、大正五年（一九一六）六月に建てられた。金光教徒社は、大正二年（一九一三）に創立され、旬刊紙『金光教徒』が一月十日付けで刊行された。以後紙名を『金光教徒新聞』と変え、昭和六十一年（一九八六）通巻二三二二号まで発行された。現在は紙名を『金光新聞』と改め、教団紙として編集は金光教の本部教庁の中で行われている。

現在この建物は、金光教の本や雑誌などの販売所として利用されている。

金光教徒社

# 小野邸跡

江戸時代、大谷村の庄屋は、小野家であった。小野家は天文年間（一五三二〜一五五五）に讃岐の国から移住した先祖が、宝暦九年（一七五九）に現在の津谷に新宅を建築したことにはじまる。

傑出した人物に小野光右衛門がいる。光右衛門は、政治家としても有能であったが、和算暦数にも秀でた才能があり、ついには和算の本を出版し、それがベストセラーにもなった。

小野家資料には、庄屋文書はじめ和算暦数地図の資料など、多くが残されていて、地方文書に限らない資料的価値があるとされている。光右衛門が江戸の天文《てんもん》方《かた》の人物と交わした文書や土御門《つちみかど》家の依頼によって京都に上った紀行文など貴重な資料が多数ある。

西裏の小高い絵師迫《えしさこ》の墓地には、白壁の塀で囲まれた、小野家の墓地があり、光右衛門、四右衛門父子をはじめ、孫の慎一郎などのお墓が並んでいる。

小野邸母屋跡

小野家の墓地

## 中嶋廟《なかしまびょう》

中嶋新田開発者の中嶋信行は、加賀郡八田部村（現総社市）の生まれ、寛文年間（一六六一～一六七三）浅口郡に移住して来て、大谷村の沖の潟に着目して開発着手するも、その半ばにして没し、妻がこれを完成させている。墓地には夫妻の墓・廟・元禄十六年（一七〇三）銘の釣鐘と鐘楼がある。廟の天井には竜の、壁面には三六歌仙の絵が描かれ、夫妻の木彫りの像が安置されている。

廟

## 寂光院《じゃこういん》庭園

寂光院は、大谷南方谷間の別所にあって、承和六年（八三九）慈覚大師《じかくだいし》の開基と伝えられる。領主蒔田《まいた》氏をはじめ金光教祖などの位牌が奉納されている。

近郊に稀な深山幽谷の趣があり、本堂前に回遊式庭園（市指定重要文化財）がある。庭園には約五〇〇平方メートルの放生池があり、その中島には承応元年（一六五二）に勧請された弁天を祀る小祠（弁天社）がある。現在の祠は明治末年、金光教の摂胤《せつたね》教主が寄進したものである。「別所の里」と呼ばれるこの地は、立地と閑静な環境が岡山藩が設立した郷校閑谷学校のある備前の閑谷《しずたに》によく似ているところから「小閑谷《おしずたに》」と名づけられている。儒学者山田方谷の高弟で、文は重《しげ》野成斎《のせいさい》・川田甕江《かわだおうこう》と相並んで明治の三大文宗《ぶんそう》といわれた三島中洲《ちゅうしゅう》（毅）が、その顛末《てんまつ》を「小閑谷記」として撰している。

寂光院

小閑谷記

弁財天

## 大光院阿弥陀如来像

佐方の大光院は、慈覚大師《じかくだいし》の開基と伝える。大光院本尊は阿弥陀如来坐像で、市指定重要文化財は本尊のみで、光背・台座、その他荘厳具の一切は後補である。本尊は、桧材寄木彫眼造で像の高さは約九〇センチメートル、座の幅約七二センチメートル、奥行約六〇センチメートルで、藤原時代中期から後期の特徴の作風を残している。本像は寛政二年（一七九〇）の修繕により、全面上塗りされて創作時の容姿を失っていたが、京都の仏師佐川定慶《さがわじょうけい》によって平成四年（一九九二）から一年半を経て古色修繕が施され、創作時の風格が再現され、藤原時代の様を今に伝えている。

大光院

## 谷田来右衛門・弥五右衛門の墓

熊沢蕃山《くまざわばんざん》によって儒学に開眼した岡山藩主池田光政は、儒学に基づく政治を行っている。仏教嫌いの光政は、領民に葬祭も仏教ではなく、儒教の形式で行わせ、その法式を藩が示している。儒葬墓は、浅口市内には多い。

谷田来右衛門・弥五右衛門父子の墓（市指定重要文化財）は、金光町にあって儒葬墓である。弥五右衛門は浅口郡代官として上竹村に屋敷を拝領し、父来右衛門をともなって赴任して来ている。父子ともに上竹村で没しているが、特に弥五右衛門は、代官として民政の最前線にあって墓を造るにもその範を示す立場にあったことから、父子の墓は儒教形式となった。儒葬時代を象徴する貴重な資料である。

谷田父子の墓

## 五鈷杵《ごこしょ》

五鈷杵（市指定重要文化財）は、上竹の西の坊遺跡の土壙墓《どこうぼ》から出土した密教修法の道具である。長さ八・九センチメートル、重さ二九・三グラムの小形品の銅製で、全体を緑青が覆っているものの保存状態は良好で、制作時期は室町時代後半と考えられる。実際の修法に用いられるには小形すぎるので墓への副葬品として製作されたと思われる。

五鈷杵（浅口市教育委員会所蔵）

## 大宮神社鳥居額

占見の大宮神社は、もと大宮大明神と号し、日吉神社を併祀しており、浅口郡の一宮《いちのみや》であったともいう。文安三年（一四四六）に火災で社殿を焼失し、再建されているが、鳥居に掲げられていたと伝える「一宮大明神」と彫った楠製の額一面があり、額の両面に「占見」「津田庄」と刻まれている。中世にこの付近が津田庄と呼ばれていたことがうかがえ、中世の荘園制に関する貴重な資料となっている。

寛文六年（一六六六）岡山藩主池田光政は神社整理を断行して、一一七社をここに寄宮《よせみや》する宗教政策をとっている。

大宮神社

## 泉勝院地蔵菩薩坐像

泉勝院は、承和年間（八三四〜八四八）に慈覚大師《じかくだいし》が開基したと伝えられる。泉勝院も地蔵菩薩坐像（市指定重要文化財）は、桧材寄木造で像高四九・六センチメートル、法衣を通肩《つうけん》に着て、左足を前に崩した半跏坐《はんかざ》に坐す尊像である。現在両手が失われているので明言はできないが、右手には錫杖《しゃくじょう》を握り、左手に宝珠を受けていたと思われる。像底には造像墨書が書き遺されている。これによれば、元文四年（一七三九）西谷山清水寺の実俊が、彩色を中心に修補を加えた時、頭部内に

泉勝院

あった暦応三年（一三四〇）の造立当初の銘文と、天文十九年（一五五〇）の修理銘を、この度新補の底板に忠実に写し取ったうえ、第三の新しい銘文を書き加えたものと考えられる。県下では南北朝頃の仏像は数少なく、また奈良を中心に活躍した清氏の仏像としては初めてのもので、清氏の研究資料としては貴重なものとなっている。

## 両面薬師堂

両面薬師堂は、遙照山《ようしょうざん》の山頂、金光町・鴨方町・矢掛町との境界にあって、慈覚大師《じかくだいし》の開基と伝えられる。本尊の石仏が南面は薬師如来、北面は釈迦如来という二仏一体の珍しい像であるため、ふつう「両面薬師」と呼ばれて親しまれている。この石仏は礫岩《れきがん》でできており、彫りは粗く、風化も甚だしい。両脇に日光菩薩・月光菩薩を従えている。

薬師堂は南北に正面を持った正面一間、側面一間、一辺約三メートルの方形平面である。石仏は方形三間宝形造の覆屋の中に納められており、この覆屋も南北に向拝《こうはい》を持った二正面の建物となっている。堂の建築年代は不明である。

両面薬師堂

両面薬師堂

## 吉備神楽《きびかぐら》

吉備神楽（市指定重要文化財）は、神楽社が佐方《さがた》にあることから佐方神楽、また明治以前は社家神田《こうだ》家とその一門によって舞われたことから神田神楽ともいう。演目のうち岩戸開き・国譲り・大蛇退治の神代《じんだい》神楽は、幕末に神田大和が走出村（現笠岡市）の社家木山家から移入したとも伝えられる。備中神楽を移入、村中で工夫をこらし、独特な舞い方に仕上げた浅口唯一の伝統神楽である。

吉備神楽（浅口市教育委員会所蔵）

## 金光歴史民俗資料館

金光歴史民俗資料館は、平成十六年（二〇〇四）金光公民館の三階に開館された。資料館には、町内の西の坊遺跡出土の土器・石器・五鈷杵や古代寺院の占見廃寺の瓦などの埋蔵文化財、また町史編纂事業などで収集された水車・唐箕などの民具、役場や寄託された庄屋の古文書類の史・資料が保管され展示されている。昭和八年（一九三三）頃の金光町を描いた「金光教御霊地《ごれいち》鳥瞰図《ちょうかんず》」（複製）、「寛永古図」ともいわれる「備中国絵図」（複製）の貴重な絵図、町内ゆかりの方々の書画も展示されている。

金光歴史民俗資料館

浅口市民会館金光

# 鴨方町域

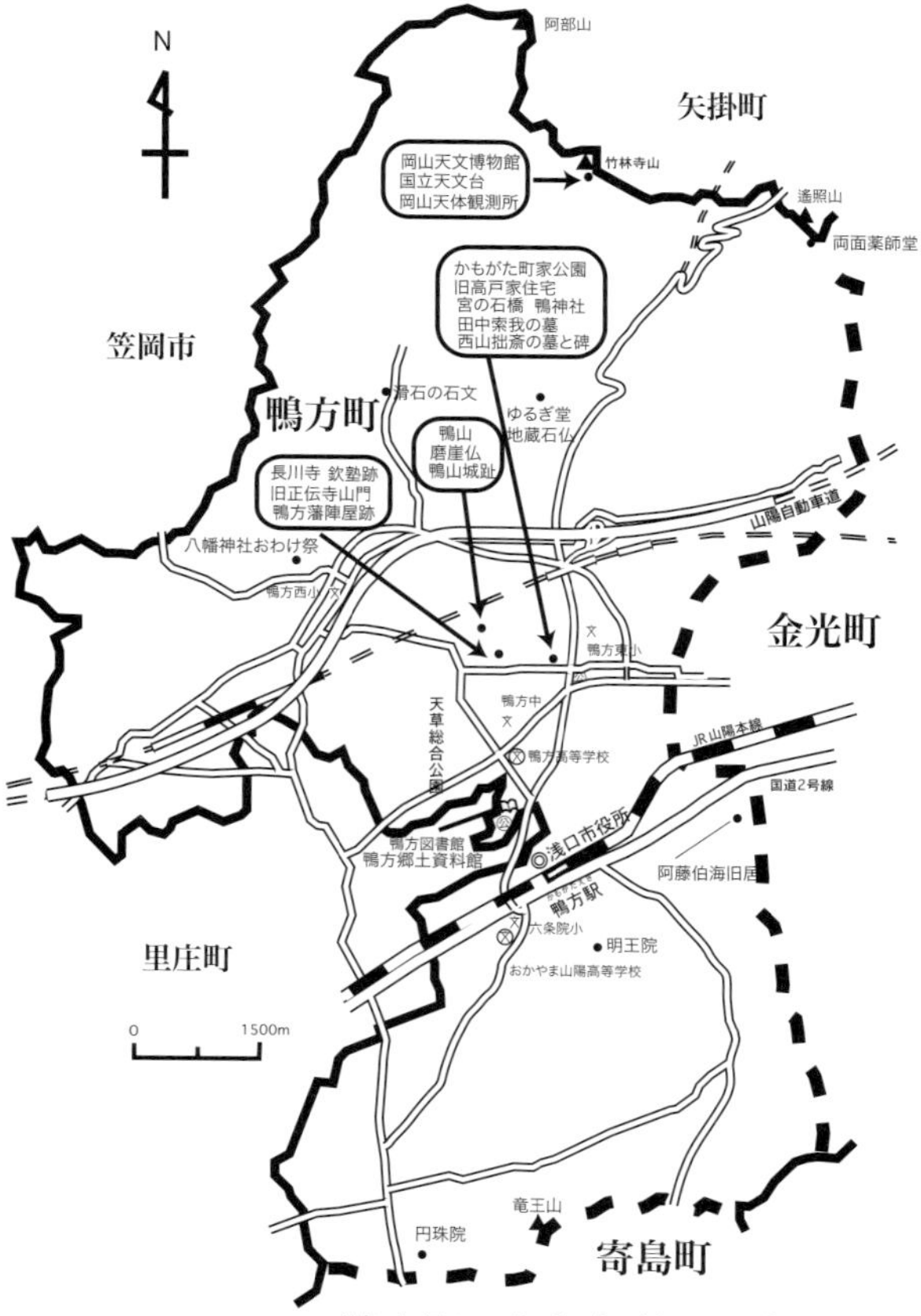


鴨方町の主な名所マップ

## かもがた町家公園

かもがた町家《まちや》公園は、江戸時代の重要な鴨方往来沿いにあって、日本の歴史公園一〇〇選の一つにもなっている。修復された二棟の町家・倉・伝統植物園や芝生広場などをあわせもつ、歴史的景観を残す憩いの公園である。公園は複合文化ゾーンとなっており、その中核をなす伝承館は町家の旧高戸家住宅で、県下で最も古い貴重な建物であるとともに、旧高戸家に関する歴史資料などを展示している。分家の母屋の交流館は延享五年（一七四八）当時の部屋割に合わせて修復し、研修室、郷土資料室、和風喫茶「まちや

かもがた町家公園

亭」や特産品・土産物の展示・販売コーナーがある。郷土の館は旧高戸家の倉（東倉）であったもので、一階は鴨方町の歴史や文化・観光をパネルやビデオで紹介している。二階は事務所となっている。二階建てのふれあいの館（西倉）は市主催の展覧会や一般市民に開放されて個展などが催されている。伝統植物園は、記紀・万葉の昔から詩歌、物語、行事などに登場する植物の中から小低木、草木類が植えられている。芝生広場、展望台、子供の遊び場などもある文化施設である。かもがた町家公園は、市民の憩いの場であり、懐旧の思いを満たす場にもなっている公園である。

かもがた町家公園

旧高戸家住宅（伝承館）

郷土の館

ふれあい館

交流館

## 旧高戸家住宅

旧高戸家住宅（県指定重要文化財）は、かもがた町家公園内にある。この公園には土地に残っていた町屋二棟、倉三棟を忠実に修復した江戸時代の歴史的建築物で、藩主の宿泊所や文化人の交流の場ともなった由緒ある町家であった。

高戸家は、醤油醸造業や地主経営などで財をなした旧家で、鴨方藩の庄屋も世襲している。藩主の宿泊所や文化人の交流の場ともなっていた町屋である。貞享四年（一六八七）に修理したとの棟札から、県内で最も古い築後三〇〇年以上の江戸初期の貴重な建物である。

旧高戸家住宅（伝承館）の平面は、正面一〇間、側面四間半、広い土地と居間、座敷をもった今井型（大和）で、

店

お雛様

襖　絵

庭

かまば

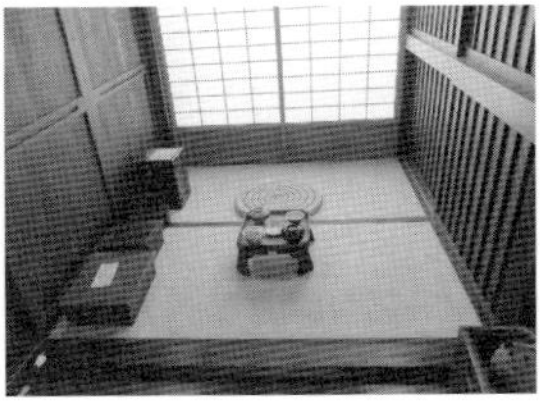

二　帖

中二階建ての店部分と平屋建ての座敷部分からなり、屋根は本格的な入母屋造《いりもやづくり》、本瓦葺きである。小屋組は束立式と登梁式を併用している。正面の全体的な構成、欄間、土間境の建具、格子溝、大戸口、袖壁などは注目すべきもので、美しい調和の中に高い格調をもった仕上がりとなっている。

旧高戸家御成門

## 宮の石橋

宮の石橋は、かもがた町家公園の北門を出たところ、鴨神社の随身門下にある石橋である。石橋は「鴨方にすぎたるものが三つある。拙斎、索我、宮の石橋」と謡われた鴨方三奇の一つで、拙斎は西山拙斎、索我は田中索我のことである。

石橋は、長い板状の石六枚を反らせて整えた太鼓橋で、鴨方の町筋からの参道を上ってくる参拝者のために造られたものであろうが、建年代は不詳である。石橋がまたぐ小道付近の小字名が「鴨之下通」であることから、この小道がかつての古道であり、本来の参拝口はこの石橋あたりにあったことをうかがわせるとともに、山麓をめぐる小道をまたぐ陸橋として珍しい。

宮の石橋

## 田中索我《たなかさくが》の墓

宮の石橋から右手に入ると田中索我の墓がある。鴨方村に生まれ、幼時より画才のあった索我は長じて京都に上り鶴沢探索に師事しもっぱら画法を学んだ。画才を認められた索我は二度にわたって、仙洞御所や皇居の屏風《びょうぶ》杉戸に画を命ぜられ、法橋《ほっきょう》に叙せられた。老後になって故郷に帰り多くの人々と交遊した索我にとって最も親密であった人物は、西山拙斎であった。索我が画を描けば拙斎がそれをみて和歌を詠むという仲であり、索我が拙斎を描いた絵「華月橋上の拙斎」によっても、そのことをうかがうことができる。

田中索我の墓

作品の「華月橋上《かげつきょうじょう》の拙斎」（市指定重要文化財）は拙斎の居宅至楽居《しらっきょ》の庭内の蓮池に渡してある華月橋上の拙斎を描いており、至楽居の庭の様子がよくわかる絵であるとともに、当時の拙斎をしのぶ唯一の絵である。また「牡丹《ぼたん》に孔雀図屏風《くじゃくずびょうぶ》」は、索我としては最も本格的な著色花鳥画で、一般的には金地濃彩に仕上げられるこの種の花鳥画の金地をあえて銀地に替え、これに合わせて花鳥の色彩も薄めに押さえた配色を心がけている。このため索我の生きた江戸時代後半期の新たな美的感覚を示すものとなっている。

牡丹に孔雀図屏風（浅口市教育委員会所蔵）

## 鴨神社

宮の石橋を渡って石段を上ると鴨神社である。祭神は鴨別命ほか七柱で、京都の加茂大明神を勧請したものである。近世史料には「加茂大明神」「加茂宮」とあるが、明治二十年（一八八七）鴨神社と改号した。

中世後期に細川氏が鴨山に居域して鴨神社を崇拝している。細川道董《ほそかわみちただ》は、天正十年（一五八二）本社を再建して神鏡一面、槍一〇本、神田などを寄進している。近世には鴨方藩からも崇敬されている。

鴨神社の石段

鴨神社の鳥居

鴨方にすぎたるものが三つある

## 西山拙斎《にしやませっさい》の墓

西山拙斎は、享保二十年（一七三五）浅口郡鴨方村に医師恕玄の子として生まれた。名は正、拙斎は号である。「関西の孔子《こうし》」ともいわれた拙斎は、大坂に遊学して医学と儒学を学び、三十歳のとき蘐園《けいえん》学派（古文辞学派）から朱子学に転じ、これを機に思義の名を正と改めた。

安永二年（一七七三）のとき鴨方村に帰り、以後私塾欽塾《きんじゅく》を開き、終生郷里にあって多くの子弟の教育に専念した。当時学風が乱れているのを嘆いた朱子学に心酔の拙斎は、天明八年（一七八八）幕府儒官の柴野栗山《しばのりつざん》に書を送り、朱子学を正学として朱子学以外の儒学を厳禁して邪説を絶つべきことを進言したことが一因となって、寛政の改革の一環として、老中松平定信によって寛政二年（一七九〇）朱子学を正学として他の異学（陽明学など）を昌平坂学問所で講ずることを禁じた寛政異学の禁が通達された。以後、幕末にいたるまで幕府教学の基本政策となり、多くの藩校でこれを機に朱子学に切り替えることになったから、その与えた影響は大きかった。

　行実・信義の人拙斎は、阿波藩・加賀藩などから招聘《しょうへい》を固辞し、生涯仕官することなく民間の一儒者として処士の立場を全うした。寛政十年（一七九八）拙斎は至楽居《しらっきょ》に六十四歳で没した。

　墓所には拙斎の頌徳碑《しょうとくひ》である三絶の碑（西山処士之碑）が建っている。三絶の碑とよばれるのは、当時の優れた三人の儒学者が協力して建てたことに由来する。碑文を頼杏坪《らいきょうへい》が、石碑の上部に篆字《てんじ》で「西山処士之碑」との題字を頼春水《らいしゅんすい》が書き、文章を作ったのが柴野栗山であった。この建碑を斡旋したのは、神辺の儒学者菅茶山であった。拙斎の墓の側の「贈正位」の贈位石は、拙斎が大正十年（一九二一）特旨をもって正五位を追贈されたとき、のち内閣総理大臣となり、五・一五事件でたおれた犬養木堂（毅）が書いたものである。

西山拙斎の墓

拙斎の墓と三絶の碑（西山処士之碑）

## 長川寺

曹洞宗の長川寺《ちょうせんじ》は、鴨山の東南麓にある。寺伝によると、源三位頼政の末裔西山宗久が祖先の菩薩を弔うために草創した「梵《ぼん》殺《さつ》」が当寺の始まりという。その後応永十九年（一四一二）永祥寺第三世の英巌章傑が曹洞禅の寺とした。寺院としては実質的にこのときに始まるとして、章傑を当寺の開山とする。

天正三年（一五七五）細川通董《ほそかわみちただ》が鴨山城に拠ると当寺をその菩提寺として堂宇を整備して、寺領一二〇石を寄進したという。通董を中興の開基とする理由である。その

長川寺

後水害・山崩れなどがあったが、元禄十七年（一七〇四）現在の本堂・庫裏が建てられた。

当寺の裏には西山宗久の墓と伝えられるものがあり、隣接して細川通董の墓がある。通董は、天正十五年（一五八七）九州から帰陣の途中、長門国赤間関（現下関）で没し、玉垣をめぐらした通董の墓は、五代の後裔細川元純の建立と伝えられる。大島傘踊《おおしまかさおどり》（県指定重要無形民俗文化財）は通董の百年忌が当寺で営まれたことが起源という。

本堂西隣の衆寮の前の庭は、文化年間（一八〇四～一八一八）に有力壇家高戸楚平を総奉行として、岡山藩お抱えの庭師弥兵衛が築いたものである。

長川寺本堂

長川寺所蔵の小堀作介奉書は、備中国奉行小堀遠州（作介）のもとで検地が行われたとき、当寺が木之子《きのこ》村（現井原市）のうち一五石の寺領を受けることになったときの寄進状である。また当寺には、細川通董の肖像画である細川通董画像も所蔵されている。絹本着色のこの画像は、いかにも武士らしい端然たる戦国武将の風姿を基本的に踏襲した画像である。画像は鮮明に残っているが、画賛部分は今は肉眼では読めないような状態である。

山門から鴨山城址を含む鴨山一帯にある西国三三ヶ所観音霊場は、文化・文政期（一八〇四～一八二九）に創設されたものである。中でも鴨山城址付近の磨崖仏《まがいぶつ》は、観音信仰の霊場であった往時をしのばせるものである。

細川通董の墓

鴨山から南東を望む

鴨　山

## 旧正伝寺山門

長川寺の南にあった正伝寺は、元亀二年（一五七一）創建の浄土真宗の寺院で、明治三十年（一八九七）廃寺となり、その跡に観正《かんせい》女学校（県立鴨方高校の前身）が立てられた際、この門のみ校門として使われ、新築移転した鴨方高校の校門としても使われていた。

一間一戸の鐘楼門で下部に厚い土壁を塗り上げ、アーチ型の通路に仕上げたもので、その型が不老長寿話にある龍宮城の門を連想させることから龍宮門（市指定重要文化財）と呼ばれている。門は桃山時代の面影をしのばす建築様式ではあるが、構成や表現の技術が不十分であるため、江戸時代後期のものと推定されている。

旧正伝寺山門（龍宮門）

## 鴨山城址

鴨山《かもやま》城址は、長川寺の西北にある標高一六八・三メートルの鴨山の山頂にある。鴨山城は、中世に浅口分郡知行主の細川満国が築いたと伝えられるが、実際に在城したのは、六代後裔《こうえい》の通董とその子元通という。毛利氏の幕下に属した通董は、伊予国から備中国浅口郡に移って青佐山城《おおさやまじょう》（現寄島町・笠岡市）から竜王山城（現鴨方町・寄島町）へ。天正三年（一五七五）には鴨山城へと拠点を移し、以後その没年までの十二年間在城した。関ヶ原の戦い後、子元通はこの地を去り長門国へ移ったので廃城となった。

鴨山城は全長約二五〇メートルの連郭式山城で、本丸の北に三つの郭、南東に四つの郭が設けられ、北の第一部と第二部の間に深い堀切、南東の第四部は大きな石材を使用した野面《のづら》積みの石垣がある、山頂付近の自然石の鴨山城址碑は、通董二五〇回忌を記念して家臣の後裔によって昭和十一年（一九三六）に建立されたものである。

鴫山城趾碑

磨崖仏

## 鴨方藩陣屋跡

岡山藩支藩の鴨方藩は、寛文十二年（一六七二）岡山藩主池田光政の次子政言が備中国浅口・窪屋・小田三郡の内の新田二万五〇〇〇石を与えられて岡山新田藩として成立した。

周辺地域の中心村であった鴨方村に藩所領支配の現地拠点として鴨方藩陣屋が設けられたが、藩主は本家岡山藩の城下岡山（天神山）に拠所を構えて生活していた。そのため二万五〇〇〇石の藩としては簡素なものであった。鴨方藩陣屋絵図によれば、陣屋内には表御門、溜り長屋、御座敷、吟味場、御囲米御蔵、牢番詰所などがあったことが知られる。現在は、陣屋の石垣、井戸がわずかに残っているのみではあるが、往時のいったんをしのぶことはできる。陣屋は本来は御用場とよばれるのが適切ではあるが、その敷地は現在の黒住教教会所の敷地とその東側に該当するものであった。

鴨方藩陣屋跡

## 欽塾跡

欽塾は、安永二年（一七七三）京都での遊学を経て帰郷した三十九歳の拙斎が、浄光寺の入口の反対の南側に開いた私塾で、居宅至楽居《しらっきょ》の敷地内にあった。拙斎は寛政十年（一七九八）六十四歳でこの世を去るまで、欽塾で鋭意教育にあたった。拙斎を敬い慕って入門する者は多く、塾に入り切れないほどの盛況で、読書の声が前の鴨方往来まで聞こえ、にわかに都会のように賑やかな町になったという。欽塾は拙斎の死後、次子復軒《ふっけん》、芥舟《かいしゅう》、菽翁《しゅくおう》と明治十九年（一八八六）学校令まで引き継がれ、地方

欽塾跡

教育に大きな役割を果たした。

欽塾には塾生のための勉学規定である「塾生肄業程課《じゅくせいいぎょうていか》」（市指定重要文化財）があった。これは塾生の一日の日課や教育方針を示したもので、朱子の「白鹿洞《はくろくどう》書院掲示《しょいんけいじ》」をよくかみ砕き、かつ言行をつつしみ正すの欽の内容をよく示しており、拙斎の学問観の実践的展開をうかがい知ることができる貴重なもので、現在は県立鴨方高等学校の所蔵となっている。

道を隔てて反対側にある浄土宗の浄光寺には、田中索我が当寺の檀家であったことから、その作品を寺内に残しており、索我作の桜閣山水図六曲大屏風がある。

なお浄光寺には、室町時代の仏像様式をよく伝える貴重な立像である阿弥陀如来立像二体がある。また鴨方につたわる里謡「ねはんは浄光寺、麦は堂角、子供は横町、松井山ほら貝」とあるように、浄光寺の仏涅《ぶつね》槃図《はんず》は、江戸時代を通して在所の人々に極めてよく親しまれていたと考えられる。

浄光寺

## ゆるぎ堂地蔵石仏

本庄木ノ元にあるゆるぎ堂地蔵石仏（県指定重要文化財）は、高さ二一〇・五センチの石仏で、花崗岩による方柱状の一石を用いて、これをそのまま丸彫りの地蔵石仏に彫成したもので、像容は、右手に錫杖《しゃくじょう》を執り左手に宝珠を受ける、いわゆる延命地蔵の立像である。正慶元年（一三三二）の刻銘から鎌倉時代終末の作品であることが判明する。ゆるぎ堂地蔵仏は、この時代の丸彫石仏としては県下に二例あるのみで大変珍しいものである。

ゆるぎ堂

延命地蔵

## 岡山天文博物館

浅口市鴨方町と小田郡矢掛町にまたがる竹林寺山の一角（標高約三五〇メートル）にある。古くから天文の観測適地として知られ、陰陽師として有名な安倍晴明が天文観測をしたという伝説が残されている。

昭和三十五年（一九六〇）に開館した博物館には、プラネタリウム室、太陽観測室、展示室（一階、二階）からなっている。ホールでは天文に関するビデオの上映もしている。

敷地内には国内最大級を誇る一八八センチメートルの反射望遠鏡を備えた国立天文台岡山天体物理観測所がある。

また、国内最大の三・八メートル新技術天体望遠鏡の建設も完成をひかえ本格的な観測開始が待たれる。望遠鏡は京都大学大学院理学研究科学宇宙物理教室・附属天文台が中心になり、名古屋大学大学院理学研究科光赤外線天文学研究室、国立天文台岡山天体物理観測所、および、ナノオプトニクス研究所との連携研究により建設である。

国立天文台岡山天体物理観測所
国内最大級の 188cm 反射望遠鏡を備える

岡山天文博物館

## 滑石の石文

滑石《なめらいわ》は杉谷川にある。杉谷川はその源を阿部山に発し、谷川の上方河床の一部がひと続きの巨岩で覆われ、その表面が水のため消磨されていわゆる滑石となっている。夏の頃には遊泳の子どもらが清流に乗ってこの上を滑り下り、古くは擂ぼん渓とも称したという。この場所は左右から山が迫り幽邃《ゆうすい》の渓谷美が展開することから、多くの文人・墨客が来遊している。

この地に西山拙斎が八人連れで来遊したのは、寛政十年（一七九八）三月三日であった。拙斎はこの日酒宴を催し、即席に詩を作って滑石に墨で書いたが、同行の伊沢石介がこの字の洗い去られるのを惜しんで、ひそかに写しておいた。石介は幼時から拙斎の門に入って漢字を修め、作詩を習得し、拙斎から愛されて常に随行していた。石介は、拙斎没後の二十五年目に自身が題しておいたものを認《したた》め、拙斎の次子復軒に再び題することを請い、石介が自費を投じて刻石させたといわれる。

杉谷川にある滑石の石文

## 八幡神社のおわけ祭り

八幡神社はもと八幡宮といって、小坂東に鎮座して小坂東・小坂西・深田村の氏神社であった。神社は筑紫の国から勧請したといい、これにまつわる神功皇后《じんぐうこうごう》の伝説がある。祭神として神功皇后（気長足《息》姫命）が祀られている。天正年間（一五七三〜一五九一）細川通董から鏡・鐘・槍の三品が寄進された。かつては神仏混淆《しんぶつこんこう》で社僧が奉仕していたが、寛文七年（一六六七）初めて神主が置かれた。

八幡神社の大祭に先立ち、十月五日深夜に執り行われるのがおわけ祭り（市指定重要文化財）である。仲哀天皇皇后の神功皇后が朝鮮半島の三韓（新羅《しらぎ》・百済《くだら》・高句麗《こうくり》）出兵後、舟師《しゅうし》を率いて東へ凱旋の途中寄島（寄島の地名は神功皇后が立ち寄ったという伝説にちなむ）に立ち寄り、小坂郷から従軍して皇后から軍功を賞せられた三兵士との別れの宴を催したという故事に基づいている。長さ六間の青竹（おはっけ）を囲むように円錐状に稲藁で蔽った「おわけ様」の前に小学生三人の当子・当親・寄当総代が着座し、暗闇の中で厳かに神事が行われる。

次いでお旅所まで御神幸が行われる。帰社すると神輿を拝殿に納め、御神幸もめでたく終了する。

おわけ祭り（浅口市教育委員会所蔵）

八幡神社

## 阿藤伯海旧居

阿藤伯海《あとうはっかい》は「あとうはくみ」が本名であるが、地元の人たちは、「はっかい先生」と言って親しまれている。

阿藤家は代々大地主をつとめており、幕末には家塾嶺南精舎を開いていた。

伯海は、旧制矢掛中学・第一高等学校を経て東京帝国大学文学部哲学科に入学、また、詩人の上田敏《うえだびん》について抒情詩を作った。卒業後は京都帝国大学教授狩野君山に師事し、漢詩の道にすすんだ。

昭和十六年（一九四一）から三年間、母校の第一高等学校で教鞭をとった。当時の門下生「藤門の書生」と言われた八人の中には、大学総長、芥川賞作家、日銀総裁などの面々がいた。

その後、郷里の鴨方に帰ると、一時期県教育委員を務めたが、その他は一切職に就くことなく孤高の生涯を詩に託した人生であった。吉備真備《きびのまきび》顕彰のために作った絶筆の大作「右相吉備公館址作」と『大簡詩草』四八〇首によって、伯海

臥龍門

は現代日本の代表的な漢詩人と評されるにふさわしい人物である。

阿藤家の旧宅（市指定重要文化財）には、幕末から明治期に建築された母屋を中心として、はなれ・蔵・門などがあり、周辺には記念広場や広く展望の開けた梅園、流芳の丘があり、広く市民に親しまれている。

阿藤伯海旧居母屋

流芳の丘から阿藤伯海旧宅を望む

記念公園詩碑二基

## 明王院

泉山の北麓にある明王院《みょうおういん》は、伝教大師が延暦年間（七八二〜八〇六）に開創し、ついで弟子の慈覚大師が秘密灌頂《かんじょう》道場を開いたものと伝える。安徳天皇が数ヶ月滞在したといい、山中に玉座の旧跡を伝える。延宝四年（一六七八）児島大願寺から招かれた天祐が入寺して、岡山藩の排仏政策による打撃から明王院を立て直したことから、天祐は「明王院中興の祖」といわれる。

参道に続く前庭には約六〇〇平方メートルに及ぶ池があって中心景をなしており、池中には、二つの山を持った島を築き亀島として

明王院庭園

いる。書院東庭は林泉観賞式である。本堂は寛保元年（一七四一）、多宝塔は昭和六十三年（一九八八）の完成である。

明王院の仏涅槃図《ぶつねはんず》（県指定重要文化財）は、縦一八八・八センチメートル、横一六一・六センチメートル、絹本着色、四幅一鋪である。涅槃図は構図が全体に緊密で、中央の涅槃仏も第二様式の画例の中では比較的大きく扱っており、全身金泥彩《こんでいさい》で衣文線や唐草も金泥で引き、肉髻は群青《ぐんじょう》を塗り、仏身の描線のみ朱の細線を用いている。亮香紫巌《りょうこうしがん》画像は、明王院第二六世亮香紫巌の肖像画で縦一〇八センチメートル、横四三センチメートル、絹本墨画淡彩である。亮香は明王院の東隣に甘露庵《かんろあん》を建立した開祖で、この画像も甘露庵に伝わったものである。

明王院本堂

## 四条原古墳群

六条院東の四条原に古墳群がある。鴨方町内にある古墳の中でも特に形が整っていて密集している。その中でも、侍山塚は古墳時代前期に属し、泉山東南麓の低い丘上にある二基の箱式石棺が並んだ古墳で、その南方にある奥の原のタンゴ山古墳とともに数少ない権力者の風格を残している。その他、上原塚、古寺跡一～四号墳、天神山塚墳、天神山塚、永広塚、軽部荒神塚、向ヶ市塚など多くの古墳が存在している。向ヶ市塚は鴨方町域最大の古墳で、横穴式石室は縦八・三メートル、横一・六mメートル、高さ一・五メートルの古墳である。この辺りは当時深い入り江となっていたことから、海上を支配した権力者の古墳と推定される。

軽部荒神塚

# 円珠院石造大宝塔

円珠院《えんじゅいん》石造大宝塔（市指定重要文化財）は、円珠院境内の東から竜王山の斜面を一〇〇メートルほど上った山中にある。

円珠院は天台宗の寺で、寺伝によれば承和十四年（八四七）天台宗の密教化に貢献した円仁（慈覚大師）が入唐求法の旅の帰途この地に立ち寄り、竜王山を未《み》曾《ぞ》有《う》の清浄水のあるところとし、初めて修法の阿伽水として用いたゆかりをもって、後に当寺の開祖とし、その聖蹟を阿伽井坊《あかいぼう》と名付け、堂宇を建立したというが一説に承和五年（八三八）とする説もある。

細川通董が竜王山に在城したとき、当寺の大壇越《だいだんおつ》となり、円珠院の縁起を聞いて境内に現当二世供養のため宝塔一基を寄進したといわれ、そのすぐ下の平地が寺跡という。山中に建つこの花崗岩製大宝塔は総高二八四センチの巨塔で、単層石塔としては県内で七番目の大きさである。近世初期にあって鎌倉時代石塔の古様式を復古的に模倣した作品といわれる。

円珠院

円珠院石造大宝塔

ひがさき踊り

鴨方町のひがさき踊り（市指定重要文化財）は、貞享三年（一六八六）七月、鴨山城主細川通董の百年忌法要が長川寺で執り行われた際、境内で供養のための踊りが奉納された。その時、日射しが強くて日傘をさして踊ったことが「日傘着踊り」の始まりといわれている。

なお、笠岡市の大島傘踊り（県重要無形民俗文化財）は、雨がさを用いる大島地区独特の盆踊りである。その起源は、細川通董の百年忌法要が鴨方町の長川寺で営まれた時、遺臣達が武道の型をとり入れた盆踊りを奉納したが、折からの夕立で雨傘を使用したことにあるという。

金光町のひがさき踊りは、佐方踊りともいう。佐方の諏訪神社は、藤沢兵部大輔の祖父秀信が信州から来た寛政元年（一七八九）頃に勧請したもので、住民が祭神を迎えるためと五穀豊穣を祈って踊ったのが起源とされる。毎年旧七月二十六日夜の諏訪神社祭礼に、五穀豊穣・疫病退散・家内安全・雨乞いなどを祈念して神事・直会の後に奉納し、夜通し踊ることもあった。

## 鴨方郷土資料館

鴨方郷土資料館は、総合コミュニティゾーン「天草公園」の鴨方図書館内に併設され、昭和五十八年（一九八三）に開館された。主な所蔵品は、儒者西山拙斎や京都の仙洞御所の襖絵《ふすまえ》を描いた画家田中索我の作品・資料、伝統的地場産業の手延そうめん製造器具、麦稈真田《ばっかんさなだ》関係器具の資料や、山陽自動車道建設に伴って発掘された益坂の和田遺跡、阿坂古墳、小坂西の沖《おき》の店《みせ》遺跡などから出土した弥生土器、須恵器、土師器、鉄器、石器などの埋蔵文化財である。沖の店一号窯跡《かまあと》（ダルマ窯）の窯構築時期は平安

鴨方図書館

時代末期頃といわれ、製品として黄白色をした茶碗と小皿を焼いていた。この種の窯跡の発見例は少なく、全国的に見て岡山県の二例を含めて八例にすぎない。このうち現物が保存展示されているのは、この沖の店一号窯跡だけで、窯と製品が同時に見学できる展示となっている。

手延そうめんづくりの様子

麦桿真田づくりの様子

# 寄島町域

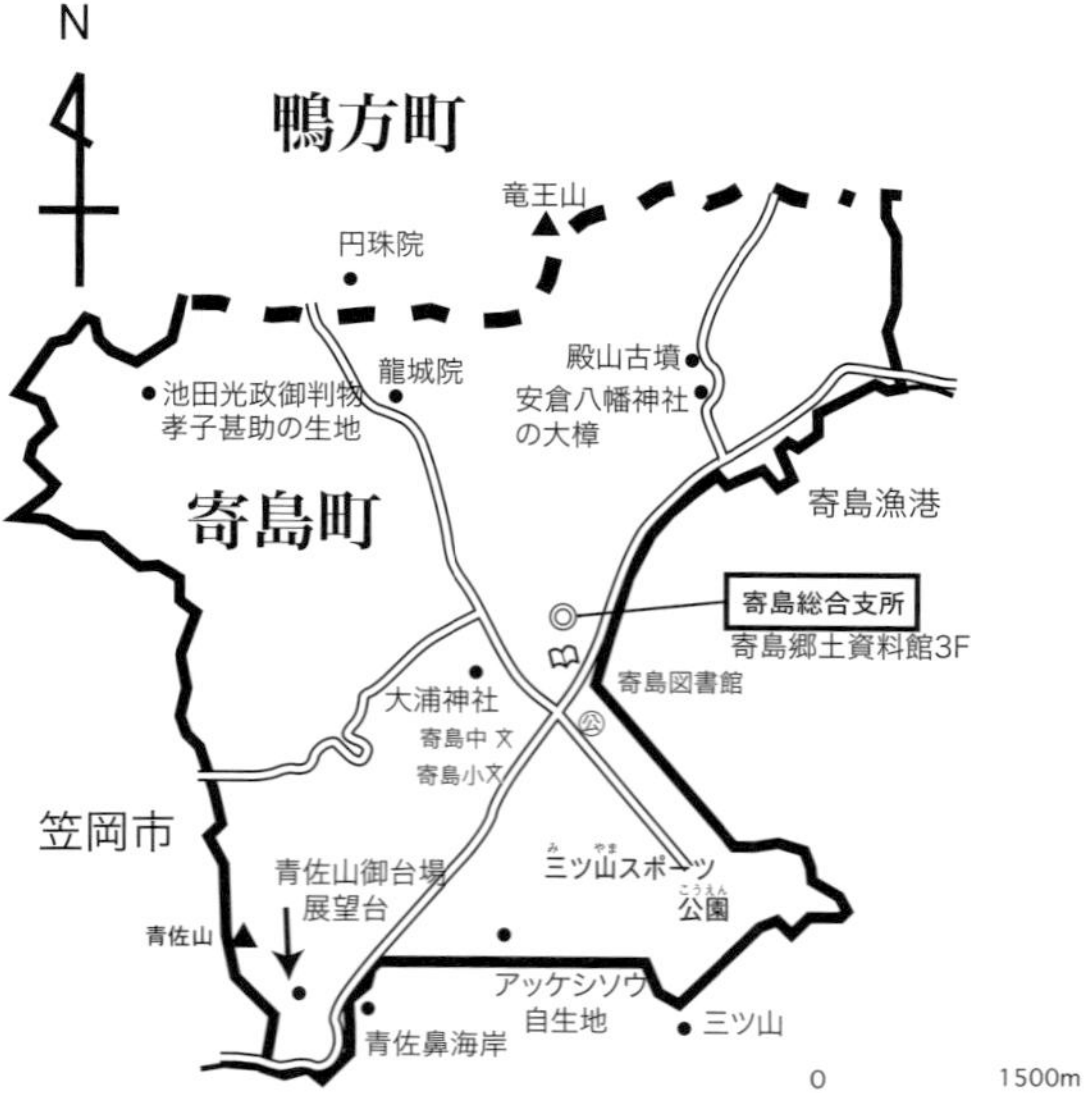


寄島町の主な名所マップ

## 殿山古墳《とのやま》

東安倉から鴨方へ通じる県道沿いに、石室を南に向けた古墳時代後期の横穴式石室の殿山古墳（市指定重要文化財）がある。石室のみが現存しており、長さ約三・八メートル、幅約一・四メートル、高さ約一メートルで、天上石二枚が見られる。盗掘のあとがあるが、ほぼ完全に原形をとどめている。

## 安倉《あくら》八幡神社と大楠

鴨方から東安倉へ通じる県道沿いに、安倉八幡神社(祭神　応神天皇・仲哀天皇・神功皇后）はある。地元では、安倉八幡宮とも呼ばれる。本殿は入母屋造《いりもやづくり》、千鳥《ちどり》破風《はふ》の造り。参道と本殿の前に一対ずつの狛犬《こまいぬ》があるが、参道の狛犬には天保五年（一八三四）の銘がある。

江戸時代の安倉村は六条院西村（鴨方町六条院西）の飛地。真止戸山神社（鴨方町六条院中）の氏子であった。神社は、安倉村の神として、元禄二年（一六八九）氏子の協力によって本殿の改築を行った記録があるが、由緒・創立年代については不明である。

安倉八幡神社の大楠《くす》（市指定重要文化財）は、樹齢六五〇年といわれている。県下最大の大樹である。目通しの幹囲五・二メートル、根元幹囲九・二メートル、樹高二〇メートルを測る。枝張りは、東に一三メートル、南に五メートル、西に九・五メートル、北に一〇・四メートルであり、地上四メートルより三枝に分かれている。

　この付近一帯は鳴滝新開と呼ばれ、天保十年（一八三九）に干拓された。この楠のあたりが当時の海岸線だと伝わっている。

安倉八幡神社

安倉八幡神社の鳥居

安倉八幡神社の大楠

## 龍城院《りゅうじょういん》

福井山寿福寺と号す龍城院は、県道小坂西・寄島線沿いに位置し、慈覚大師（円仁）によって、承和五年（八三八）に開基したと伝わり、一二坊を擁す天台宗の寺であった。池田光政が行った寛文六年（一六六六）の寺院整理の対象となり、唯一残った月光坊を天和元年（一六八一）に院号を「龍城院」としたとされる。寛政年間（一七八九〜一八〇〇）に書かれた『吉備温故秘録』には、龍城院が鴨山城主であった細川通董《ほそかわみちただ》の祈願所であり、その境内には細川下野守の女の墓があると記されている。

龍城院本堂

龍城院正門

本尊である木造阿弥陀如来立像は、文化文政（一八〇四〜一八二九）頃の作といわれ、金箔木彫である。また、木造阿弥陀如来坐像や江戸時代末期の作と伝わる壇像三三躯、京都の豪商佐野重孝（別名、灰屋紹益）が愛妻吉野太夫の冥福を祈って記した法華経八巻がある。いずれも市指定重要文化財である。

また敷地内には、漢学者で大島中村村長を務めた笠原松雲《しょううん》（名は穆・通称直造・弘化四年（一八四七）〜大正七年（一九一八）の顕彰碑がある。文久二年（一八六二）岡山藩校で阪谷《さかたに》朗廬《ろうろ》に師事し、朗廬が広島藩に招聘されると、帰郷し子弟を指導した。

境　内

笠原松雲の顕彰碑

## 福井古墳

福井山龍城院裏側の畑と竹薮を隔てた北東あたりに墓地があるが、その墓地の下にある竹林に南西に口を開いた古墳時代後期の横穴式石室の福井古墳（市指定重要文化財）がある。長さ二・六メートル、幅一・四五メートル、高さ〇・七メートル、天上石二枚が見られる。小振りではあるが、現存の横穴式石室の中でも原型をとどめている貴重な古墳である。

福井古墳

## 池田光政御判物

二号線から手際《てのきわ》の交差点を左折し、寄島にはいると柴木地区がある。そこには、江戸時代親孝行であったことなどから、時の岡山藩主池田光政にその善行を表彰された一三人の孝子のひとり、孝子下原甚助の墓がある。承応三年（一六五四）岡山城に召され、褒状と田畑あわせて五反を賜り、永代にわたって租税を免除された。また、その曾孫甚介も初代甚助と同様に藩主池田継政に孝行を賞され、褒状と甚介をたたえた自詠の和歌を授けられた。

それらのものは、宝物殿の蔵の中に保管されていたが、現在は浅口市立金光歴史民俗資料館へ寄託されている。

孝子下原甚助と妻の墓

宝物殿

## 大浦神社

拝殿・幣殿・本殿が南北に並んでおり、祭神は応神天皇・仲哀天皇・神功皇后の三柱である。明治二年（一八六九）に現社名を名乗り、それ以前は東大島八幡宮・大浦八幡宮と称した。「大浦神社記」によると、由緒・創立年代ともに未詳であるが、安倍晴明が建立したと伝わる。

もとは、寄島（現在の三郎島）の山頂にあったが、永禄年間（一五五八～一五六九）に細川通董によって現在地に遷座されたという。

大浦神社

社殿は元和三年（一六一七）以降に再建され、宝暦十一年（一七六一）に火災により焼失し、翌年再建された。現在の本殿は、昭和二年（一九二七）に再建されたが、このときに幣殿・拝殿も大修築されたという。本殿は入母屋造、檜皮葺を模した銅板葺屋根である。

境内には、競馬神事の馬場をはじめ、神輿蔵・絵馬殿・三集殿・社務所・龍池・鳥居を配し、広大な規模を有している。

大浦神社秋祭り（十月第一日曜日）に奉納される競馬神事（市指定重要文化財）は、三郎島にあった八幡宮を大浦の地に遷座したとき、青佐山城主で

競馬神事（浅口市教育委員会所蔵）

あった細川通董が地頭株・領家株として駿馬四〇頭を課して、神幸列に神馬として参加させたことに始まるという。この神馬を出す権利を競馬株といい、はじめは二〇株ずつであった。寛延四年（一七五一）には、一一株になった。以後、家々でその株を所有し継承されている。

競馬神事の神馬は、九月一日の「競馬定式」であらかじめ地頭株・領家株から一頭ずつ選び出す。

秋祭りでは、まず「朝競馬」を行う。二頭の神馬が三回競馬をし、終わると触れ太鼓を先頭に、大浦神社から青佐八幡宮へ神輿を担いで行き、境内で練る。次に「昼競馬」。そして、神馬二頭、奴二組、幟、お舟、千載楽《せんざいらく》が青佐八幡神社へ神輿を迎えに行き、大浦神社へ帰還する。宮入神事を行い、競馬の十二懸神事《じゅうにかけしんじ》を行う。大浦神社の競馬神事は、市内では他に例をみない珍しいものである。

大浦神社内

## アッケシソウ自生地

寄島干拓地で秋には紅葉したアッケシソウを見ることができる。アッケシソウはレッドデータブックで絶滅危惧種に指定されている。寄島のアッケシソウ自生地（市指定重要文化財）は本州唯一といわれる。

アッケシソウの名前は、北海道厚岸に由来する。アッケシソウ（厚岸草、学名Salicornia europaea）はアカザ科アッケシソウ属の一年草。国内では北海道と宮城県、瀬戸内海沿岸の一部にのみ分布が知られる。瀬戸内海沿岸では特塩田跡を中心に分布が知られていたが、

アッケシソウ

海岸の開発などで絶滅状態である。今でも観られる瀬戸内市錦海塩田跡地のものは、人為的に種子がまかれたことがわかっている。瀬戸内海沿岸のものは、かつて北前舟により北海道から種子が運ばれてきたといわれていたが、DNAの面では北海道ではなく、韓国のものと似ているようである。

秋に深紅に紅葉することからサンゴ草とも呼ばれている。アッケシソウが非常に貴重な天然記念物であることから、現在アッケシソウを守る会によって環境整備や生育観察等の保護活動が行われている。

## 三郎島（三ツ山）

寄島の港外、約一キロメートルのところに寄島（現三郎島）が浮かぶ。これは、伝説で神功皇后が三韓出兵の凱旋でその地に寄られたことで寄島と呼ばれるようになったといわれる。現在は干拓され陸続きになっており、干拓部分は宅地やスポーツ公園として市民のふれあいの場となっている。

その島の西南端あたりに三ツの小島があり、景観は一幅の絵である。かつては三郎島（市指定重要文化財）、現在は三ツ山と呼ばれていた。神功皇后がここに神を祀られ、投げられた供物が三ツの山になったと伝わる。

三ツ山

角閃花崗岩の山塊からなり、いずれも高さ一〇メートル、長さ一五メートルで、約六メートルの間隔をおいて規則正しく並んでいる。かつては、島頂には、青松が一本ずつ自生していた。干潮時には一塊となるが、満潮時には三つの小島のようになる。元々一続きに連なる島であったが、海蝕により分岐したものである。毎年元日の初日の出には、多くの写真家や観光客が集まって来る。

桜、寄島、三ツ山

## 青佐山御台場跡《おおさやまおだいばあと》

寄島と笠岡市大島中との境にある青佐山の南麓が水島灘にせまる標高約五〇メートルの大地上にある。この場所からは笠岡諸島や塩飽《しわく》諸島を一望することができる。文久三年（一八六三）岡山藩に備中海岸に砲台造営の命が下った。完成すると鴨方藩主池田政詮《まさあき》（のち岡山藩主となり章政と改名）が寄島（三郎島）へ向けて試射を行ったという。明治四年（一八七一）廃藩置県後は、台場で使用された砲車（県指定重要文化財）は大浦神社に保管されていたが現在は、岡山県立博物館に寄託されている。

「青佐山御台場図」には半円形で、高さ七尺（約二メートル）の土塁で囲まれ、背後にあたる北側は土塁の上に柵が設けられていた。東西に冠木門の出入り口があり、砲門は南北二箇所あった。草に覆われ、胸壁は原型をとどめないが、二つの凹が当時の砲台をしのばせる。

また砲台の東側には「青佐山御台場展望台」が整備されている。

青佐山御台場跡

青佐山から望む

青佐山展望台

## 寄島郷土資料館

寄島郷土資料館は、寄島総合支所の三階にある。昭和三十年（一九五五）頃の製塩のための入浜塩田作業用具や、かつては盛んであった産業の麦稈真田《ばっかんさなだ》関係器具・製品、青佐山台地出土の須恵器・三郎宮ノ谷出土の土師器などの埋蔵文化財、漁具、船大工道具、漁船、通学船の模型、また笠岡沖でとれたマンモスの骨も展示されている。

寄島総合支所

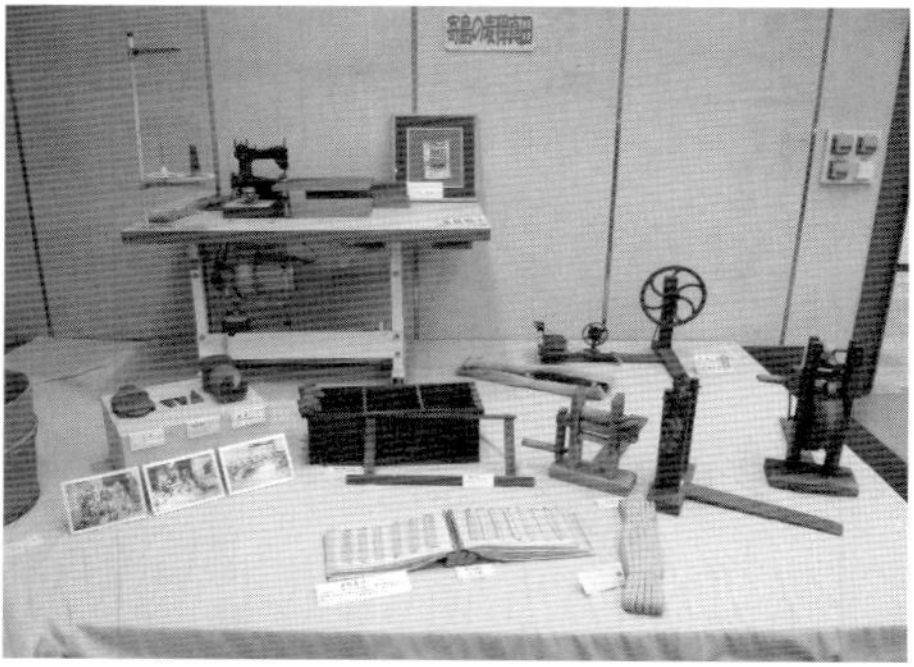

麦桿真田関係器具

愛知県型漁船（模型）

大きさ 18 メートル およそ 7.7 トン乗組員 3 ～ 4 人
主に明治後期から昭和前期に使われた。
打瀬網漁最盛期（4 月～ 8 月）には船で生活し、
漁獲は通い船が漁場と港を往復していた。

本書成稿にあたっての主要文献は次の通りです。
『金光町史』本編・資料編・民俗編　金光町史編纂委員会
『鴨方町史』本編・資料編・民俗編　鴨方町史編纂委員会
『寄島町誌』　寄島町史編纂委員会
『金光教祖聖跡めぐり』　金光教徒社
『金光大神』　金光教本部教庁
『金光教年表』　金光教本部教庁
『西山拙斎伝』　花田一重　浅口郡教育会
『関西の孔子　西山拙斎』　朝森要　鴨方町
『鴨方の先賢』　石部貞樹　鴨方町文化協会
『寄島町風土記』　寄島町文化財保護委員会　寄島町教育委員会

＊本書は浅口市に点在する名所旧跡・神社仏閣などから一部分を紹介したものです。また、執筆や写真にあたりご協力いただいた浅口市教育委員会事務局文化振興課、浅口市寄島郷土資料館、浅口市金光歴史民俗資料館、浅口市鴨方郷土資料館、金光教、金光図書館、かもがた町家公園、神社仏閣関係者、浅口市のみなさまには大変おせわになりました。御礼申し上げます。

## あとがき

浅口市は金光町、鴨方町、寄島町の合併であらたな町づくりに意欲的にとりくんでいる市である。金光町は金光教発祥の地で門前町でもある。毎年四月と十月には全国の信者が訪れ金光教大祭が行われている。鴨方町は、かつて鴨方藩が置かれ藩政の中心地であったが、昨今は天文台の町として脚光を浴びている。寄島町は豊富な海産物と風光明媚な自然に恵まれ、瀬戸大橋も見える海と太陽の町である。自然と歴史と文化の浅口市について、金光英子・小椋美紀・朝森要が執筆にあたっては、浅口市教育委員会をはじめ多くの方の御支援・御協力をいただいたことに感謝の意表し、衷心より御礼を申し上げたい。なお本書の出版にあたっては、日本文教出版編集長黒田節氏から格別の御支援をいただき、やっと本書を完成・刊行できたことに対して、厚く御礼を申し上げたい。

平成二十九年四月　朝森　要

著者略歴
金光　英子（こんこう　ひでこ）
金光図書館学芸員、典籍編集委員会、金光図書館次長をへて、現在、金光図書館長、岡山県図書館協会理事、浅口市文化財保護委員など。
著書『白川家の門人』(国学院大学　藤井研究室)、『いのちは生かせる』(議事録センター) など。
小椋　美紀 (こもく　みき)
浅口市立金光歴史民俗資料館学芸員。
著書『金光教の発展と門前町』(『図説　井原・笠岡・浅口の歴史』郷土出版社)。
朝森　要（あさもり　かなめ)
方谷研究会長、西山拙斎顕彰会顧問
著書『山田方谷の世界』(日本文教出版)、『高梁の散策』(日本文教出版)、『幕末史の研究ー備中松山藩』(岩田書院) など

写真　高橋　信行（たかはし　のぶゆき）
浅口市教育委員会
金光学園中学・高等学校
日本文教出版株式会社

岡山文庫　305　浅口市の名所—金光町 鴨方町 寄島町—

平成 29（2017）年 5 月 26 日　初版発行
著　者　金光英子 小椋美紀 朝森　要
発行者　塩　見　千　秋
印刷所　平和写真印刷株式会社

発行所　岡山市北区伊島町一丁目 4-23 日本文教出版株式会社
電話岡山（086）252-3175（代）振替 01210-5-4180（〒 700-0016）
http://www.n-bun.com/

ISBN978-4-8212-5305-0　

● 岡山県の百科事典

二百万人の **岡山文庫**

○数字は品切れ

1. 岡山の植物・西原礼之助
2. 岡山の祭と踊・神野 力
○3. 岡山の焼物・桂 又三郎
4. 岡山の古墳・鎌木義昌
5. 岡山の民家・鶴藤鹿忠
6. 岡山の文学碑・山本遺太郎
7. 岡山の仏たち・脇田秀太郎
8. 岡山の動物・松本邦夫
9. 岡山の鳥・杉 鮫太郎
10. 大原美術館・藤田慎一郎
11. 岡山後楽園・宗定克則 杉 鮫太郎
12. 岡山歳時記・吉岡三平
13. 岡山の建築・巌津政右衛門
14. 瀬戸内海・緑川洋一
15. 岡山の民芸・外村吉之介
○16. 吉備路・神野 力
17. 岡山の魚・青木五郎
18. 岡山の昆虫・倉敷昆虫同好会
19. 岡山の城と城址・藤井 駿 市川俊介
○20. 岡山の果物・三宅忠一
21. 岡山の風物・岡山県広報協会
22. 吉備の女性・吉岡三平
○23. 岡山の伝説・立石憲利
24. 岡山の酒・小出 巌 西原礼之助
○25. 岡山の街道・山陽新聞社
26. 岡山の絵画・脇田秀太郎 巌津政右衛門
○27. 水島臨海工業地帯・平方与平
28. 岡山の旅・岡山県観光連盟
29. 蒜山高原・二若・富国・徳山
30. 岡山の歌謡・英 玲二
○31. 岡山の遺跡めぐり・間壁忠彦・葭子
○32. 備前焼・小山冨士夫 藤原 雄 中村昭夫
33. 岡山文学風土記・大岩徳二
34. 美作路・小山健三
35. 岡山の俳句・塩尻青笳 島津青沙
36. 岡山音楽夜話・保田太郎
37. 閑谷学校・巌津政右衛門 坂本一夫
38. 岡山の川柳・弓削川柳社
39. 岡山の民話・岡山民話の会
○40. 岡山の刀剣・小林種次
41. 岡山の短歌・杉 鮫太郎 藤原幾太郎
42. 岡山の医学・中山 沃
43. 岡山の藺草・鈴木尚夫 中村昭夫
○44. 岡山の人物・黒崎秀明
○45. 岡山の駅・難波数丸
46. 岡山の現代詩・坂本明子
47. 岡山の交通・藤沢 晋
○48. 岡山の教育・秋山和夫
○49. 備中神楽・山根堅一 坂本一夫
50. 岡山の民具・鶴藤鹿忠
○51. 岡山の宗教・長光徳和
52. 吉備津神社・藤井 駿 坂本一夫
53. 岡山の貨幣・原 三正
○54. 岡山の古戦場・多和和彦
55. 岡山の石造美術・巌津政右衛門
○56. 岡山の方言・十河直樹
57. 岡山の歴史・柴田 一
58. 岡山事物起源・吉岡三平
○59. 高梁川・宗田克巳
○60. 岡山の干拓・吉岡三平 進 昌三
61. 岡山の電信電話・萩野 秀
62. 吉備高原・宗田克巳
63. 岡山のおもちゃ・吉永義光
64. 吉井川・宗田克巳
65. 岡山の港・巌津政右衛門
66. 岡山の絵馬と扁額・脇田秀太郎
○67. 旭川・宗田克巳
68. 岡山の温泉・石井 猛 圓堂 稔
69. 岡山の県政史・蓬郷 巌
70. 岡山の道しるべ・巌津政右衛門
71. 岡山の笑い話・稲田浩二・和子
72. 美作の歌舞伎芝居・二宮朔山
○73. 岡山の民間信仰・三浦秀宥
○74. 岡山の奇人変人・蓬郷 巌
75. 岡山の食習俗・鶴藤鹿忠
76. 岡山の明治洋風建築・中力 昭
77. 山陽路の地理散歩・宗田克巳
78. 岡山の風俗・蓬郷 巌
79. 岡山の海藻・大森長朗
○80. 岡山の書・佐藤英夫
81. 岡山浮世噺・岡 長平
82. 岡山の神社仏閣・市川俊介
83. 中国山地・三浦秀宥 竹内平吉郎
84. 岡山の島・巌津政右衛門
85. 岡山の山と峠・宗田克巳
86. 吉備の石ぶみ・井上雄風
○87. 岡山の怪談・佐藤米司
88. 岡山の自然公園・山陽カメラクラブ
89. 岡山の漁業・西川 太
90. 岡山の天文気象・石田五郎 佐橋 謙
91. 岡山の郵便・萩野 秀
○92. 岡山の鉱物・沼野忠之
93. 岡山のふるさと村・巌津政右衛門
94. 岡山の経済散歩・吉永義光
95. 岡山の庭・山本利幸 前田勝也
96. 岡山の匠・浅原 健
97. 岡山の童うたと遊び・立石憲利
98. 岡山の衣服・福尾美夜
99. 岡山の民俗・土井卓治 佐藤米司 鶴藤鹿忠
○100. 岡山の樹木・西原礼之助 古屋野 寛

101. 岡山と朝鮮・西川 宏
102. 岡山の和紙・臼井英治
103. 岡山の艶笑譚・立石憲利
104. 岡山の文学アルバム・山本遺太郎
105. 岡山の映画・松田完一
106. 岡山の石仏・巌津政右衛門
107. 岡山の橋・宗田克巳
108. 岡山のエスペラント・岡 一太
109. 岡山の狂歌・蓬郷 巌
110. 百間川・岡山の自然を守る会
111. 夢二のふるさと・真田芳夫 葛原茂樹
112. 岡山の梵鐘・川端定三郎
113. 岡山の演劇・山本遺太郎
114. 岡山話の散歩・岡 長平
115. 岡山地名考・宗田克巳
116. 岡山の戦災・野村増一
117. 岡山の町人・片山新助
118. 岡山の会陽・三浦 叶
119. 岡山の石・宗田克巳
120. 岡山の滝と渓谷・川端定三郎
121. 岡山の味風土記・岡 長平
122. 目でみる岡山の明治・巌津政右衛門
123. 岡山の散歩道 東西・佐藤米司
124. 目でみる岡山の大正・蓬郷 巌
125. 児島湾・同前峰雄
126. 岡山の庶民夜話・佐上静夫
127. 岡山の修験道の祭・川端定三郎
128. 目でみる岡山の昭和Ⅰ・蓬郷 巌
129. 岡山のふるさと雑話・佐上静夫
130. 岡山のことわざ・佐藤・次田 竹内・福尾
131. 目でみる岡山の昭和Ⅱ・蓬郷 巌
132. 瀬戸大橋・ＯＨＫ編
133. 岡山の路上観察・香川・河原
134. 岡山の相撲・三宮朔山
135. 岡山の古文献・中野美智子
136. 岡山の門・小出公大
137. 岡山の内田百閒・岡 将男
138. 岡山の彫像・蓬郷 巌
139. 岡山の名水・川端定三郎
140. 両備バス沿線・両備バス広報室
141. 岡山の明治の雑誌・片山・耒田 菱川
142. 岡山の災害・蓬郷 巌
143. 岡山の看板・河原 馨
144. 由加山・原 三正
145. 岡山の祭祀遺跡・八木敏乗
146. 岡山の表町・岡山を語る会
147. 逸見東洋の世界・臼井洋輔
148. 岡山ぶらり散策・河原 馨
149. 岡山名勝負物語・久保三千雄
150. 坪田譲治の世界・善太と三平の会
151. 備前の霊場めぐり・川端定三郎
152. 藤戸・原 三正
153. 矢掛の本陣と脇本陣・武・中山・岡田 池田・柴口
154. 岡山の図書館・黒崎義博
155. 岡山の戦国時代・松本幸子
156. 岡山の資料館・河原 馨
157. カブトガニ・惣路紀通
158. 正阿弥勝義の世界・臼井洋輔
159. 木山捷平の世界・定金恒次
160. 岡山の備前ばらずし・窪田清一
161. 良寛さんと玉島・森脇正之
162. 備中の霊場めぐり・川端定三郎
163. 岡山の多層塔・小出公大
164. 六高ものがたり・小林宏行
165. 下電バス沿線・下電編集室
166. 岡山の博物館めぐり・川端定三郎
167. 岡山の民間療法(上)・鶴藤鹿忠 竹内平吉郎
168. 吉備高原都市・小出公大
169. 玉島風土記・木村岩治
170. 洋学者箕作阮甫とその一族・森脇正之
171. 夢二郷土美術館・松田 基 楢原雄一
172. 岡山のダム・川端定三郎
173. 岡山の森林公園・河原 馨
174. 宇田川家のひとびと・水田楽男
175. 岡山の民間療法(下)・鶴藤鹿忠 竹内平吉郎
176. 岡山の温泉めぐり・川端定三郎
177. 阪谷朗廬の世界・山下五樹
178. 目玉の松ちゃん・尾上松之助 中村房吉
179. 吉備ものがたり(上)・市川俊介
180. 中鉄バス沿線・中鉄バス(株)企画部
181. 飛翔と回帰―国吉康雄の西洋と東洋・小澤善雄
182. 岡山の智頭線・河原 馨
183. 出雲街道・片山 薫
184. 備中高松城の水攻め・市川俊介
185. 美作の霊場めぐり・川端定三郎
186. 吉備ものがたり(下)・市川俊介
187. 津山の散策 にし ひがし・黒田 晋 竹内平吉郎
188. 倉敷福山と安養寺・前川 満
189. 鷲羽山・山本慶一 西田正憲
190. 和気清麻呂・仙田 実
191. 岡山たべもの歳時記・鶴藤鹿忠
192. 岡山の源平合戦談・市川俊介
193. 岡山の氏神様・三宮朔山
194. 岡山の乗り物・蓬郷 巌
195. 岡山・備前地域の寺・川端定三郎
196. 岡山ハイカラ建築の旅・河原 馨
197. 牛《うし》窓《まど》を歩く・前川 満
198. 岡山のレジャー地・倉敷ぶんか倶楽部
199. 斉藤真一の世界・斉藤裕重 イシイ省三
200. 巧匠 平櫛田中・原田純彦